世界一かんたんに作れる
ぐるぐるパン
ちぎりパン

たかやちかこ

マガジンハウス

この本のパンを作りたくなる理由

1
「生地をこねない」&「トースターでOK」だからかんたん！

パン生地は、ボウルの中で材料を混ぜるだけ。
台でこねる必要のないかんたんレシピ！
しかもオーブントースターで焼くから、
本書のとおり作れば失敗知らず。

2
「ぐるぐる」かわいい新しいちぎりパン！

小さなパンがいくつもくっついて大人気の
「ちぎりパン」に、新たなスターの登場です。
生地に好きな具をのせてぐるぐる巻いて切れば、
今まで見たことのないかわいい形に！
子どもも大人も、つい手がのびます。

3
すぐに焼かなくても大丈夫！
生地は３日保存可能。

一度生地を作ったら、今日は半分だけ焼いて、
残りは明日食べようかな……なんてこともＯＫ。
冷蔵庫で３日保存でき、変わらぬおいしさだから、
自分の生活スタイルに合わせて食べられます。

4
オイル・卵・乳製品なしの
生地だから、おいしくて経済的。

パン生地はオイル、卵、牛乳、バターなどを使わないので、
材料費はかさまず、アレルギーが気になる人も安心。
オイル不使用とは思えないもちもち感も評判で、
アレルギーのない人でもしみじみおいしく、
毎日食べても飽きのこないパンなのです。

はじめに

初めまして！
パン工房「ぱんノート」を営む、たかやちかこと申します。

今回この本で紹介させていただくのは、
誰もがかんたんに、おいしいパンを作る方法です。
これらのパンのよいところは、
・ボウルの中だけで生地ができる＆オーブントースターで焼ける
・長時間ほったらかしで作れる気楽さ
・一つの生地から、「ぐるぐるパン」や「ちぎりパン」を作れる
そんなところだと思っています。

基本は、誰もが失敗しないように考えたレシピですが
初心者の方は、自分のできるやり方に変えてしまっても全然問題なし！
「失敗は成功のもと」という言葉どおり、ちょっとくらいの失敗は気にせず、ぜひ続けてください。
そして、慣れてきたらどんどん自分流にアレンジを加えることで、
世界に一つの、自分だけのパンができるはず。
この本のパンたちが、笑顔あふれる食卓に彩りを添えられたら、
こんなにうれしいことはありません。

パン工房「ぱんノート」　たかやちかこ

Contents

Part 1 ぐるぐるパン

ぐるぐるパンとは

のばした生地に好みの具をのせて、生地をぐるぐる巻いて切って焼きます。こうするだけで、一度にたくさんのかわいいパンが作れ、ぷっくり盛り上がったかわいいうずまき模様が、大人にも子どもにも大人気！　大きくて食べ応えのある「でっかい」アレンジも紹介しています。

ちぎりパンとは

ぐるぐるパンと同じ生地に、好みの具を包んで丸めて焼きます。丸めた生地を好きな形にくっつけて焼けば、キュートで個性的な形が楽しめます。食卓におけば好きにちぎって食べられるので、家庭のおやつに、ホームパーティにとおおいに活躍します。

Column

Part 2 ちぎりパン

きほんの材料

この本のパン生地に必要なのはこれだけ。
シンプルなので、計量に5分もかかりません。

a 強力粉

小麦粉の中でも硬質の小麦から作られ、グルテンを多く含む。グルテンが多いと生地のまとまりが早く、粘りが強いのが特徴。長時間の発酵にも向き、もちもちした食感も出るので、この本では共通して強力粉を使用。

b 水

水は、常温のまま材料を溶かせばOKなので、かんたん。豆乳や牛乳で代用する場合は分量を150mlにすればOK。

c インスタントドライイースト

予備発酵が不要で、そのまますぐに材料と混ぜられるので、手間いらず。少量ですぐに生地が発酵するので、初心者はこれを使うのがかんたんでおすすめ。

d 塩

うまみたっぷりの「海塩」がおすすめ。海水から作られるため、海のミネラルをたっぷり含み、まるみのあるしょっぱさが、生地のおいしさを引きたてる。生地だけでなく、具の調理にも使うと、より一体感が出る。

e 砂糖

生地にやさしいうまみが出る「きび砂糖」がおすすめ。精製された白砂糖と違って、精製途中の砂糖液をそのまま煮つめて作るため、豊かな風味とミネラルが活きているのが特徴。このきび砂糖を使って、自然でまろやかな甘みを楽しみたい。

きほんの道具

パン作りでは、あると便利な道具がいくつかあります。ない場合でも、家にあるもので代用してみてください。

a ボウル
パン生地の材料を混ぜるときに。生地は約2倍に膨らむので、サイズは大きめを。

b 大さじ・小さじ
インスタントドライイーストなどを計量。大さじ1＝15mℓ、小さじ1＝5mℓ。

c パン切りナイフ
ぐるぐるパンを切り分けるときに。カードだとくっついて切りにくいので、パン切りナイフを。

d カード
ボウルについた生地をまとめるときに。カーブしたボウルの肌からこそげとりやすい。

e デジタルスケール
小麦粉など材料を計量するときや、生地を12等分するときに使うと同じ大きさになり便利。

f 計量カップ
水など液体はmℓ表示なので、計量する際に便利。ほかの料理に使うものと共用で。

g 茶こし
粉をふるうときに便利だが、ない場合は省略しても可。ただ粉やクリームなどを濾して使うと、なめらかになり失敗しにくいので、初心者にはおすすめ。

h オーブンシート
生地をトースターで焼くとき、天板にくっつくのを防ぐ。繰り返し使えるタイプもある。

i めん棒
「ぐるぐるパン」の生地をのばすときに。自分の作業台やまな板に合うサイズのものを選んで。40cmくらいあるほうが使いやすい。

パン作りのタイムスケジュール

合計の所要時間はそれなりにありますが、手を動かす作業時間は約30分！
寝る前に生地を作ったり、家事の合間を活用すればラクに作れます。

［作業の流れ］

最初は共通

5分
材料を計量して混ぜる

↓

15分
ほったらかし
生地をまとめて少しおく

↓

1～1時間30分
ほったらかし
生地をまとめなおして室温におく

↓

15時間（一晩）
ほったらかし
冷蔵庫の野菜室に移動してほったらかし

↓

ぐるぐるパン

↓

20分
生地をのばして
具をのせ、ぐるぐる巻いて
12等分に切る

↓

30分～1時間30分
ほったらかし

ちぎりパン

↓

20分
生地を12等分にし、
具を包んで丸める

↓

1時間30分～2時間

オーブンシートに並べて室温におく

↓

オーブントースターなどで焼く

きほんの生地の作り方

この「きほんの生地」一つで、本書のすべてのパンが作れます。ボウルの中でできるから、初心者でもかんたん。

ぐるぐるパン ちぎりパン共通！

材料〔12個分〕

- 強力粉 —— 200g
- 水（寒いときはぬるま湯を使用）—— 130mℓ
- A
  - インスタントドライイースト —— 小さじ1/3
  - きび砂糖 —— 10g
  - 塩 —— 4g

生地作りはコレだけ！

イーストなどを溶かす → 粉と混ぜて15分おく → まとめ直して1～1時間30分おく → 冷蔵庫の野菜室で15時間ほったらかし

1 イーストなどを溶かす

1 Aをボウルに入れる

イースト、砂糖、塩をボウルに入れる。あとで生地は膨らむので、大きめのボウルを選ぶこと。

2 水を注ぐ

普段は常温の水で、寒いときはぬるま湯で溶かす。夏は－5mℓ、冬は＋5mℓにして微調整すると生地が扱いやすい。

Point

きれいに溶かしたいときは、泡立て器を使っても便利

3 よく溶かす

スプーンで全体をよく混ぜ合わせ、まんべんなく溶かす。イーストの粒が見えなくなり、うす茶色になるまで。

2 粉と混ぜてまとめて15分おく

4 粉を入れる

よく溶かした3に、強力粉を入れる。難しく考えず、一気に入れてしまってOK。

Point! 粉っぽさがなくなるまで！

5 混ぜ合わせる

粉と水分を混ぜ合わせる。大きめのスプーンなら、手早く混ぜられる。

15分

6 生地を１つにまとめる

粉に水分が均一に回るまで、全体を混ぜる。１つにまとめたらボウルにラップをし、そのまま15分おく。

3 生地をまとめ直して冷蔵庫へ

7 生地をまとめ直す

ラップをはずして生地を手に取り、全体をまとめ直す。

8 表面を整える

表面全体がつるんときれいに整ったら、生地のとじ目を下にしてボウルに入れる。

9 ラップをして寝かせる

ボウルに再びラップをして、そのまま1時間〜1時間30分くらい、室温（25℃くらい）において寝かせる。

※夏場はもう少し短時間で膨らみます。

Point!
膨らまないときは
p55へ！

10 生地が一回り大きくなる

1.5倍くらいの大きさに膨らむ（冬は温かい場所へ）。そのまま冷蔵庫の野菜室に入れる。

↓

15時間おく

4 生地の完成

11 生地の完成

冷蔵庫に15時間（一晩）入れておいただけで、約2倍の大きさに膨らむ。きほんの生地のでき上がり！

※生地はでき上がってすぐに焼かなくても、冷蔵庫で3日ほど保存できます。多めに作って、好きなときに焼いて楽しみましょう。

↓

パンの成型へ！

↓ ↓

ぐるぐるパン → p18　　ちぎりパン → p56

好みの形に成型しよう！

アレンジ生地の作り方

生地にひと手間加えると、味わいや彩りに変化が生まれ、見た目にも楽しいパンが作れます。
紹介するアレンジをヒントに、好きな材料で試すのも楽しい！

同じ作り方で
いろいろ楽しめる！

［アレンジ生地いろいろ］

材料𝒜
（イースト・砂糖・塩）
水

＋

好みの
アレンジ
材料

材料ℬ

＋

強力粉

上記のように、きほんの生地の作り方③（p11）で、材料𝒜と水にアレンジ材料のℬを混ぜてから強力粉を加えるだけ。あとはすべて、「ぐるぐるパン」、「ちぎりパン」のきほんの作り方と同様に作れます。

※材料はぐるぐるパン、ちぎりパンともに基本は12個分です。
※にんじん生地のみ、水をにんじんジュースに代えています。
　生地によって砂糖を入れない場合もあります。

チョコチップ生地

この生地を使ったパン／p41

材料

強力粉 —— 200g
水 —— 130mℓ
𝒜・インスタントドライイースト —— 小さじ⅓
・きび砂糖 —— 10g
・塩 —— 4g
ℬ・チョコチップ —— 50g

よもぎ生地

この生地を使ったパン／p34

材料

強力粉 —— 200g
水 —— 155mℓ
𝒜・インスタントドライイースト —— 小さじ⅓
・きび砂糖 —— 10g
・塩 —— 4g
ℬ・よもぎパウダー —— 5g

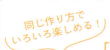

コーヒー生地

この生地を使ったパン／p72

材料

強力粉 —— 200g
水 —— 130mℓ
A・インスタントドライイースト —— 小さじ⅓
・きび砂糖 —— 10g
・塩 —— 4g
B・インスタントコーヒー —— 1g
・コーヒーの粉（ドリップ用） —— 10g

ココア生地

この生地を使ったパン／p38、67

材料

強力粉 —— 200g
水 —— 140mℓ
A・インスタントドライイースト —— 小さじ⅓
・きび砂糖 —— 20g
・塩 —— 4g
B・ココアパウダー —— 10g

カレー生地

この生地を使ったパン／p74

材料

強力粉 —— 200g
水 —— 140mℓ
A・インスタントドライイースト —— 小さじ⅓
・きび砂糖 —— 10g
・塩 —— 4g
B・カレー粉 —— 5g

黒糖アーモンド生地

この生地を使ったパン／p40

材料

強力粉 —— 200g
水 —— 130mℓ
A・インスタントドライイースト —— 小さじ⅓
・きび砂糖 —— 10g
・塩 —— 4g
B・黒糖 —— 15g
・アーモンド（トースターで焼き、粗く刻む） —— 25g

抹茶生地

この生地を使ったパン／p35、62

材料

強力粉 —— 200g
水 —— 140mℓ
A・インスタントドライイースト —— 小さじ⅓
・きび砂糖 —— 10g
・塩 —— 4g
B・抹茶 —— 4g

甘栗生地

この生地を使ったパン／p64

材料

強力粉 —— 200g
水 —— 130mℓ
A・インスタントドライイースト —— 小さじ⅓
・きび砂糖 —— 10g
・塩 —— 4g
B・甘栗（粗く刻む） —— 70g

にんじん生地

この生地を使ったパン／p77

材料

強力粉 —— 200g
にんじんジュース（室温にもどす） —— 140mℓ
A・インスタントドライイースト —— 小さじ⅓
・塩 —— 4g

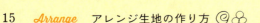

オーブントースターでかんたん！

きほんの焼き方

オーブンがなくても、毎朝おなじみのオーブントースターでかんたんにおいしく焼けます。焼き時間も15分でＯＫ！

ちぎりパン

p57で成型したもの

↓

1時間30分～2時間

ぐるぐるパン

p21で成型したもの

↓

30分～1時間30分

膨らんで、1.5倍くらいの大きさになったら焼きましょう。おいておく時間は形・具・季節によって異なるので、様子を見ること。

ここからは一緒！

↓

～5分　オーブントースターを温める

↓

15分　オーブントースターにパンを入れて焼く（1200W）

Bake!

トースターの機種によって火力が違うことがあるので、焼き時間は様子を見ながら調節しましょう。※焼けてきたら、パンの左右を入れかえて焼くときれいに焼き上がります。

↓

でき上がり！

Finish!

魚焼きグリル・オーブンでも焼ける！

焼き方のバリエーション

トースター以外に、ガス台の魚焼きグリルやオーブンでもOK。焼くときのコツを紹介します。

［魚焼きグリル］

段ボールホイル板（左）に油を塗ってパンを並べ、魚焼きグリルに入れる。予熱なしで弱火で３分、表面に焼き色がついたらアルミホイルをかけ、さらに８～９分焼く。

※グリルは上火・下火両方あるタイプでしか焼けません。

［オーブン］

電気オーブンの場合、190～200℃で10分ほどしっかり予熱してから、８分焼く。焼き色がついたら、左右を入れかえてさらに４～７分焼く。

Point! 段ボールホイル板を作ろう

魚焼きグリルで焼く場合、グリルの大きさに合わせて切った段ボールに、アルミホイルを巻いたものを作っておくと便利。グリルに直接アルミホイルを置くとこげやすいので、このダンボールホイル板がおすすめ。発火のおそれがあるので注意をし、2～3回程度で新しいものにかえましょう。

並べ方を変えて楽しみましょう！

基本の並べ方

12等分した生地を全部つなげて焼く王道ちぎりパン。6～8等分など、大きさを変えてもOK。

お花みたいでかわいい！

7個ずつ放射状に並べると花のような形に。少し離しておくときれいに焼ける。

1人分ずつ分ける

3個ずつ並べると、1人分の食事にぴったり。アレンジ生地（p14）を色違いに組み合わせても楽しい。

いろんな形をいっぺんに

12等分にしたものを6個並べたり、3個ずつにしたり、自由な発想で並べても！

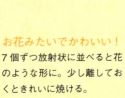

Part 1

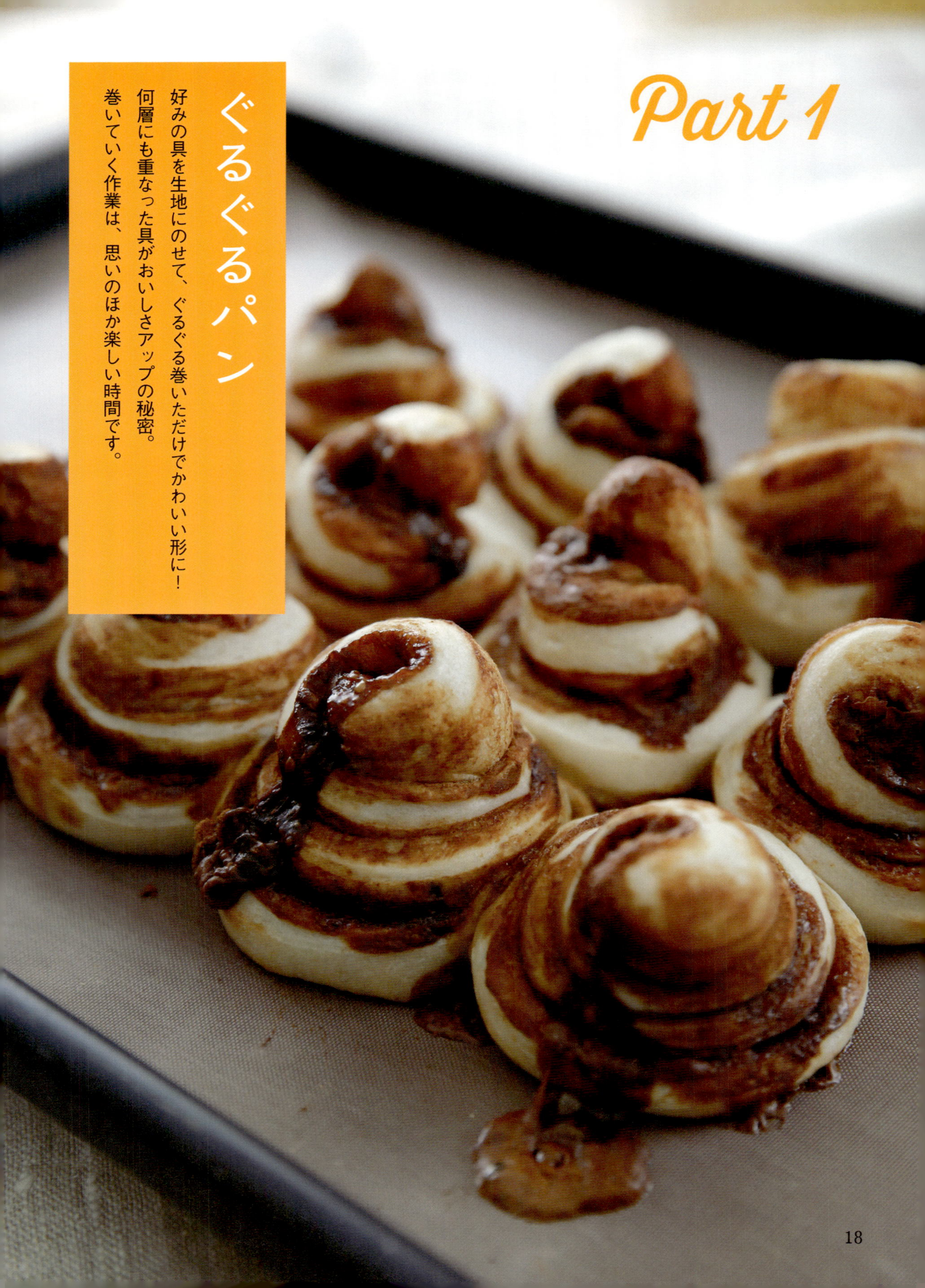

ぐるぐるパン

好みの具を生地にのせて、ぐるぐる巻いただけでかわいい形に！
何層にも重なった具がおいしさアップの秘密。
巻いていく作業は、思いのほか楽しい時間です。

きほんの作り方
シナモン

シナモンロールは、みんなが大好きな人気パン。共通する作り方なので、覚えておきましょう。

材料〔12個分〕

- きほんの生地（p11）── 1個
- A ・黒糖（粉末）── 30g
- ・シナモンパウダー ── 5g
- ・ナツメグパウダー ── 1つまみ

「ぐるぐるパン」の作り方はコレだけ！

- きほんの生地（11ページ）をのばす
- 具をのせてぐるぐる巻く
- 切り分けて30分～1時間30分おく
- オーブントースターなどで焼く

1 生地をのばす

1 生地を三つ折りにする

きほんの生地を取り出し、三つ折りにするようにたたむ。このひと手間で生地がまとまりやすくなる。

Point!

めん棒に粉をうちながら行うとスムーズ

2 台にのせ、めん棒でのばす

打ち粉（分量外）をした台にのせ、めん棒で中心から前後にのばす。

Point!

縦をのばし終わったら台の向きを90°回転させ、生地を横方向にものばす

3 生地をのばす

めん棒を前後に転がし、縦30cm×横15cmくらいにのばす。

4 長方形に整える

四隅を手で軽く引っぱり、長方形になるように整える。

2 生地に具をのせる

5 生地にAをかける

混ぜ合わせたAを、スプーンで広げるようにしながら、たっぷりかける。

6 2cmあけてAを全体にかける

生地の巻き終わりを2cmほどあけ、Aをかける。

Pick Up!

具をのせにくいときは生地を水でぬらす

パウダー状のものなど、乾いていて生地にのせにくい具は、生地をぬらしてからのせるとかんたん。手に水をつけて生地をなでればOK！

3 生地をぐるぐる巻く

7 生地の手前から巻く

生地の手前を持ち上げ、きつめに巻き付ける。芯になる部分が細くなるようにギュッと巻くこと。

巻くたびに手前に引っぱる

8 巻いた部分を手前に引っぱる

1周巻いたら、手前にグッと引っぱる。巻き目に隙間がなくなるように、引っぱりながら巻くときれいに仕上がる。

9 生地を左右に広げながら巻く

巻いた部分を引っぱることで、生地が左右に細長くなるので、覆いかぶせながら巻いていく。

⑩ 巻き終わりをとじる

巻き終わったら、生地の端を引っぱるようにしながら、巻いた部分に貼りつけてとじる。

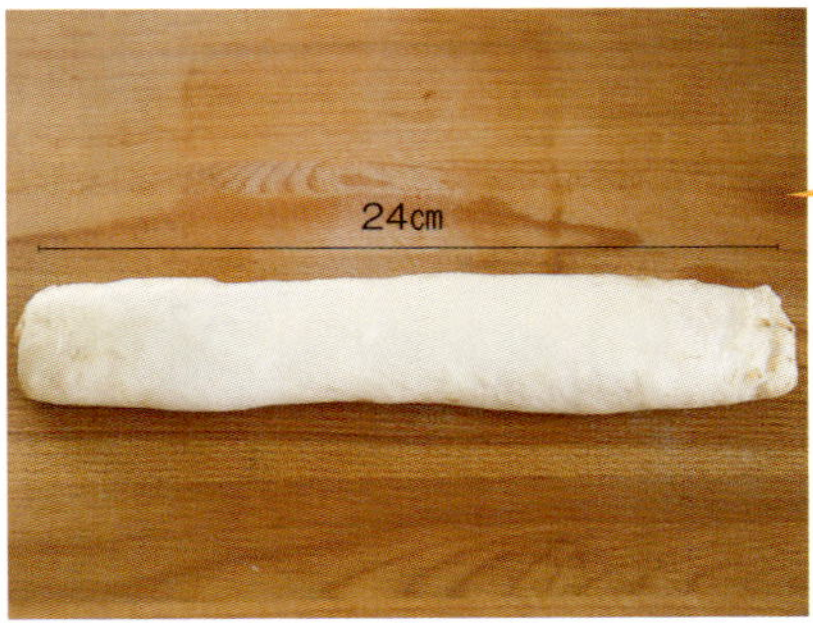

きつく巻き込んでいくので、巻き目はギュッと詰まった感じに

⑪ 全長を24cmぐらいにする

横幅が24㎝くらいになるように巻き終わると、きれいに12等分しやすく、焼き上がりも美しくなる。

4 切り分けて少しおく

⑫ 12等分に切り分ける

あらかじめナイフの背で12等分に印をつけ、切り分ける。初心者は大きめで切りやすい6等分や8等分にしてもOK。

巻いた生地の裏（底）の中心の部分を指で押しておけば、きれいに盛り上がる

⑬ オーブンシートの上に並べる

オーブンシートの上に生地をくっつけて並べ(p17)、ふんわりとラップをかける。

↓

30分〜1時間30分おいて焼くだけ！
(p16)

オーブントースター、魚焼きグリル、オーブンなど、家にある好きなものを選んで焼くことができます。
※のせる具によって、焼く前におく時間が変わるので、様子をみること。

つい手がのびるおいしさ！

甘いぐるぐるパン

朝食やおやつに作って食べたい、
やさしい甘さのスイーツパンたち。
華やかな見た目なのに、かんたんに作れます

キャラメルナッツ

ナッツの香ばしさと、まったりしたキャラメルの甘み。
豆乳でキャラメルを作れば、乳製品なしでもおいしい

材料〔12 個分〕

きほんの生地（p11）—— 1 個
豆乳キャラメル（下記参照）—— 30g
A・アーモンド、くるみ、
　パンプキンシード —— 各 20g

1 A はオーブントースターの天板に散らし、1300W で 5 分ほど焼き粗熱が取れたら包丁で粗く刻む。

2 きほんの生地を三つ折りにし、打ち粉（分量外）をした台にのせ、めん棒で縦 30×横 15cm目安の長方形にのばす。

3 生地の端を 2 cmほどあけてキャラメルを塗り、1 を散らす。手前からきつめにぐるぐると巻き、巻き終わりをしっかりとじ 12 等分に切る。

4 オーブンシートの上に生地をくっつけて並べ（p17）、ふんわりとラップをかけ、そのまま 1 時間 30 分ほどおく。

5 5 分ほど温めたオーブントースターに入れ、15 分焼く。途中、表面がパリッとしてきたところで、左右を入れかえると、均一に焼ける。

豆乳キャラメル

材料〔作りやすい分量〕

豆乳（無調整）—— 40g
きび砂糖 —— 80g
なたね油 —— 40g

作り方

1. 鍋に豆乳ときび砂糖を入れて弱火にかけ、混ぜながらよく溶かす。
2. なたね油を加えて（写真 a）強火にし、焦げつかないように絶えず混ぜ、フツフツとしてきたら 1 分～2 分、大きな泡が小さくなるまで煮詰める（写真 b）。

a

油を静かに加えて強火にし、絶えず混ぜる

b

大きな泡がこのくらい小さくなったら、混ぜながら煮詰める

ごまシュガー

白と黒2種類のごまで作る「ごまシュガー」。
甘くて香ばしい、年代を問わず人気の一品

材料〔12個分〕

- きほんの生地（p11）── 1個
- ごまシュガー（下記参照）── 60g

1. きほんの生地を三つ折りにし、打ち粉（分量外）をした台にのせ、めん棒で縦30×横15cm目安の長方形にのばす。
2. 手に水をつけて生地全体を軽くなで、生地の端を2cmほどあけてごまシュガーをかける。手前からきつめにぐるぐると巻き、巻き終わりをしっかりとじて12等分に切る。
3. オーブンシートの上に生地をくっつけて並べ（p17）、ふんわりとラップをかけ、そのまま1時間30分ほどおく。
4. 5分ほど温めたオーブントースターに入れ、20分焼く。途中、表面がパリッとしてきたところで、左右を入れかえると、均一に焼ける。

Point!
ごまシュガーは
たっぷりと！

かけすぎかな？と思うくらい
たっぷりかけると、おいしく
仕上がる

ごまシュガー

材料〔作りやすい分量　約4回分〕

- 白ごま ── 50g
- 黒ごま ── 50g
- きび砂糖 ── 150g
- 塩 ── 4g

作り方

1. 白ごまと黒ごまはフードプロセッサーにかける。
2. 粒が半分残るくらいのところでボウルにあけ、きび砂糖と塩を加えて混ぜ合わせる。

アーモンドクリーム
ハニーピーナッツ

Sweets 03

アーモンドクリーム

ごくシンプルな材料で作るアーモンドクリーム。
ちょっぴりのシナモンが香りを際立たせます

材料〔12 個分〕

- きほんの生地（p11）── 1 個
- A ・アーモンドプードル ── 25g
  - ・きび砂糖 ── 15g
  - ・塩、シナモンパウダー ── 各少々
- なたね油 ── 20g
- スライスアーモンド ── 10g

1 A を混ぜ合わせ、なたね油を加えてなじませてアーモンドクリームを作る。

2 きほんの生地を三つ折りにし、打ち粉（分量外）をした台にのせ、めん棒で縦 30 × 横 15cm 目安の長方形にのばす。

3 生地の端を 2 cm ほどあけて 1 を塗る。手前からきつめにぐるぐると巻き、巻き終わりをしっかりとじて 12 等分に切る。

4 オーブンシートの上に生地をくっつけて並べ（p17）、ふんわりとラップをかけ、そのまま 1 時間 30 分ほどおく。

5 スライスアーモンドをまんべんなく散らし、5 分ほど温めたオーブントースターに入れ、15 分焼く。途中、表面がパリッとしてきたところで、左右を入れかえると、均一に焼ける。

Sweets 04

ハニーピーナッツ

とりこになる濃厚な味わいは、
手作りのピーナッツバターがポイント！

材料〔12 個分〕

- きほんの生地（p11）── 1 個
- A ・ピーナッツバター（下記参照／市販のものでも可）── 40g
  - ・はちみつ ── 20g
- ローストピーナッツ（粗く刻む）── お好みで

1 きほんの生地を三つ折りにし、打ち粉（分量外）をした台にのせ、めん棒で縦 30 × 横 15cm 目安の長方形にのばす。

2 生地の端を 2 cm ほどあけてよく混ぜ合わせた A を塗る。手前からきつめにぐるぐると巻き、巻き終わりをしっかりとじて 12 等分に切る。

3 オーブンシートの上に生地をくっつけて並べ（p17）、ふんわりとラップをかけ、そのまま 1 時間 30 分ほどおく。

4 ローストピーナッツを散らし、5 分ほど温めたオーブントースターに入れ、15 分焼く。途中、表面がパリッとしてきたところで、左右を入れかえると、均一に焼ける。

ピーナッツバター　材料と作り方〔作りやすい分量〕

1 ピーナッツ（薄皮つき）220g はオーブントースターで 15 分焼き、フードプロセッサーで 2 分ほどかくはんする。
2 塩 2g を加えてさらに 1 分ほどかくはんし、トロトロになったらでき上がり。
※ピーナッツの薄皮を取り除くとさっぱりした味に。薄皮つきで作るとコクのある味に。

レモンピール

レモンを堪能できる、さっぱりした甘みのロール。
アイシングは、ほかのパンにも応用できます

材料〔12個分〕

- きほんの生地（p11）—— 1個
- レモンピールの砂糖漬け（下記参照／市販のレモンピールでも可）—— 50g
- レモンアイシング（下記参照）—— 適量

1. レモンピールの砂糖漬けは、汁気を除いてみじん切りにする。
2. きほんの生地を三つ折りにし、打ち粉（分量外）をした台にのせ、めん棒で縦30×横15㎝目安の長方形にのばす。
3. 生地の端を2㎝ほどあけて*1*を散らす。手前からきつめにぐるぐると巻き、巻き終わりをしっかりとじ、12等分に切る。
4. オーブンシートの上に生地をくっつけて並べ（p17）、ふんわりとラップをかけ、そのまま1時間30分ほどおく。
5. 5分ほど温めたオーブントースターに入れ、15分焼く。途中、表面がパリッとしてきたところで、左右を入れかえると、均一に焼ける。あら熱を取り、レモンアイシングをかける。

レモンピールの砂糖漬け

材料〔作りやすい分量〕

レモン（無農薬のもの）—— 3個（300g）
きび砂糖または上白糖 —— 330g（種を除いたレモンの重量の1.1倍量）

作り方

1. レモンはさっと水洗いし、薄くスライスして種を取り除く。
2. 保存びんにきび砂糖と*1*を交互に入れ、冷暗所に保管する。
3. 毎日手でかき混ぜ、砂糖が溶けてぷくぷくと発酵したらでき上がり。冷蔵庫に入れて保存する。

※漬けた汁は水やソーダで割れば、酵素ジュースとして飲める。
きび砂糖を使うと茶色に（写真左）、
上白糖を使うと黄色に（写真右）仕上がる。

レモンアイシング

材料〔作りやすい分量〕

粉砂糖 —— 25g
レモン汁 —— 小さじ1

作り方

1. 粉砂糖にレモン汁を加え、砂糖が溶けてつやが出るまでよく混ぜる。

夏みかんマーマレード
スライスりんご

Sweets 06

スライスりんご

シャキシャキとした食感と、りんごの酸味がたまらない味です

材料〔12個分〕

- きほんの生地（p11）── 1個
- りんご（紅玉など）── ½個
- レモン汁 ── 小さじ2
- りんごジュース ── 大さじ1
- きび砂糖 ── お好みで

1. りんごは芯を取り、皮つきのまま縦半分に切ってから横に薄切りにし、レモン汁とりんごジュースを回しかけてなじませる。
2. きほんの生地を三つ折りにし、打ち粉（分量外）をした台にのせ、めん棒で縦30×横15cm目安の長方形にのばす。
3. 生地の端を2cmほどあけて*1*を散らし、きび砂糖をふりかける。手前からきつめにぐるぐると巻き、巻き終わりをしっかりとじて12等分に切る。
4. オーブンシートの上に生地をくっつけて並べ（p17）、ふんわりとラップをかけ、そのまま40分〜1時間おく。
5. 5分ほど温めたオーブントースターに入れ、15分焼く。途中、表面がパリッとしてきたところで、左右を入れかえると、均一に焼ける。

Sweets 07

夏みかんマーマレード

季節の柑橘を使った自家製マーマレード。ほろ苦い甘さがクセになるおいしさです

材料〔12個分〕

- きほんの生地（p.11）── 1個
- 夏みかんマーマレードジャム（市販のものでも可）── 80g

1. きほんの生地を三つ折りにし、打ち粉（分量外）をした台にのせ、めん棒で縦30×横15cm目安の長方形にのばす。
2. 生地の端を2cmほどあけてマーマレードジャムを塗る。手前からきつめにぐるぐると巻き、巻き終わりをしっかりとじ、12等分に切る。
3. オーブンシートの上に生地をくっつけて並べ（p17）、ふんわりとラップをかけ、そのまま40分〜1時間ほどおく。
4. 5分ほど温めたオーブントースターに入れ、15分焼く。途中、表面がパリッとしてきたところで、左右を入れかえると、均一に焼ける。

夏みかんマーマレードジャム　材料と作り方〔作りやすい分量〕

1. 夏みかんの皮（無農薬のもの）100gは5cm長さに切りそろえて薄切りにし、たっぷりの水に30分さらす。
2. 鍋に新しい水と皮を入れ、弱火で3分ゆでてざるにあける。これをもう一度行なってざるにあけ、水気をきる。
3. *2*とほぐした果肉200gときび砂糖90g（夏みかんの皮と果肉の重量の約30%）を鍋に入れて弱火にかけ、砂糖が溶けたら5分煮つめ、実をつぶしてレモン汁小さじ1〜（お好みで）を加える。

チョコバナナ

ねっとりした甘みのバナナと、コクのあるチョコ。
人気の組み合わせで、間違いなしのぐるぐるパン！

材料〔12 個分〕

- きほんの生地（p11）—— 1 個
- バナナ —— 1 ½本
- チョコチップ —— 50g

1 バナナは皮をむいて斜め薄切りにする。

2 きほんの生地を三つ折りにし、打ち粉（分量外）をした台にのせ、めん棒で縦 30 × 横 15cm 目安の長方形にのばす。

3 生地の端を 2 cmほどあけて間隔をあけて 1 を横に 3 〜 4 枚ずつ並べる。あいたところにチョコチップを散らす。手前からきつめにぐるぐると巻き、巻き終わりをしっかりとじて 12 等分に切る。

4 オーブンシートの上に生地をくっつけて並べ（p17）、ふんわりとラップをかけ、そのまま 40 分〜 1 時間ほどおく。

5 5 分ほど温めたオーブントースターに入れ、15 分焼く。途中、表面がパリッとしてきたところで、左右を入れかえると、均一に焼ける。

Point! 交互に具をのせる

チョコチップとバナナを、交互に生地にのせる。黄色と黒のボーダーになるように

チョコチップについて

チョコチップは好みのものでよいですが、私は有機チョコチップ「KAOKA ドミニカ ドロップ 50%」を使っています。オーガニックのチョコレートは力強いカカオ感とフレーバーが◎。

よもぎと黒糖メープルあん

抹茶大納言
かぼちゃあん

よもぎと黒糖メープルあん

黒糖とメープルシロップ入りのあんこは
奥行きのある甘みが出ます

材料〔12 個分〕

よもぎ生地（p14）―― 1 個
小豆あん（下記参照／市販のつぶあんでも可）―― 120g
水 ―― 大さじ 1
黒糖 ―― 15g
メープルシロップ ―― 小さじ 2

1 小豆あんに水を加えてのばし、黒糖とメープルシロップを加えてなめらかになるまでよく混ぜる。

2 よもぎ生地を三つ折りにし、打ち粉（分量外）をした台にのせ、めん棒で縦 30 × 横 15cm目安の長方形にのばす。

3 生地の端を 2 cmほどあけて 1 を塗る。手前からきつめにぐるぐると巻き、巻き終わりをしっかりとじて 12 等分に切る。

4 オーブンシートの上に生地をくっつけて並べ（p17）、ふんわりとラップをかけ、そのまま 1 時間 30 分ほどおく。

5 5 分ほど温めたオーブントースターに入れ、15 分焼く。途中、表面がパリッとしてきたところで、左右を入れかえると、均一に焼ける。

小豆あん

材料〔作りやすい分量〕

小豆 ―― 200g
A
・きび砂糖 ―― 80g
・本みりん ―― 80g
・塩 ―― 少々

作り方

1 小豆は 4 倍量くらいの水に一晩浸ける。
2 ぷっくりと膨らんだらそのまま中火にかけ、アクを取りながら豆の芯がやわらかくなるまで 20 分ほどゆで、ざるにあけて水気をきる。
3 2 を再び鍋に戻して A を加え、弱火で 15 ～ 20 分煮て、混ぜながら水分をとばす。

Point!
メープルシロップで
香りを豊かに

小豆あんだけでもよいが、メープルシロップを加えると、より香り高く上品なあんに

抹茶大納言

粒を残した大納言の食感と抹茶の香りで
ワンランク上の和スイーツに

材料〔12個分〕

- 抹茶生地 (p15) —— 1個
- 大納言小豆の甘煮 (下記参照／市販のものでも可) —— 120g
- プレーンアイシング (下記参照) —— お好みで

1. 抹茶生地を三つ折りにし、打ち粉 (分量外) をした台にのせ、めん棒で縦30×横15cm目安の長方形にのばす。
2. 手に水をつけて生地全体を軽くなで、生地の端を2cmほどあけて大納言小豆の甘煮を散らす。手前からきつめにぐるぐると巻き、巻き終わりをしっかりとじて12等分に切る。
3. オーブンシートの上に生地をくっつけて並べ (p17)、ふんわりとラップをかけ、そのまま1時間30分ほどおく。
4. 5分ほど温めたオーブントースターに入れ、15分焼く。途中、表面がパリッとしてきたところで、左右を入れかえると、均一に焼ける。粗熱が取れたら、好みでアイシングをかける。

大納言小豆の甘煮　材料と作り方〔作りやすい分量〕

1. 大納言小豆200gは4倍量くらいの水に一晩浸ける。
2. 中火にかけ、アクを取りながら15分ほどゆでる。指でつまんでつぶれるかたさになったら、煮汁をひたひたになる程度残して捨て、きび砂糖100gと塩少々を加え、弱火で1時間ほど煮る。

プレーンアイシング　材料と作り方〔作りやすい分量〕

1. 粉砂糖25gに水小さじ1を加え、砂糖が溶けてつやが出るまでよく混ぜる。

Sweets 11

かぼちゃあん

野菜が苦手な子どもでもおいしく食べる一品。
かぼちゃの黄がきれいな渦を作ります

材料〔12個分〕

- きほんの生地 (p11) —— 1個
- かぼちゃあん (下記参照) —— 120g

1. きほんの生地を三つ折りにし、打ち粉 (分量外) をした台にのせ、めん棒で縦30×横15cm目安の長方形にのばす。
2. 生地の端を2cmほどあけてかぼちゃあんを塗る。手前からきつめにぐるぐると巻き、巻き終わりをしっかりとじて12等分に切る。
3. オーブンシートの上に生地をくっつけて並べ (p17)、ふんわりとラップをかけ、そのまま1時間30分ほどおく。
4. 5分ほど温めたオーブントースターに入れ、15分焼く。途中、表面がパリッとしてきたところで、左右を入れかえると、均一に焼ける。

かぼちゃあん　材料と作り方〔120g分〕

1. かぼちゃ100gは耐熱容器に入れてラップをかけ、電子レンジ (600W) で約3分加熱してやわらかくし、なめらかにつぶす。
2. 温かいうちにきび砂糖15gと塩1つまみを加えてよく混ぜ、仕上げにメープルシロップ小さじ1を加えて混ぜる。

ラムレーズン＆ホワイトチョコ
ダブルチョコ

Sweets 12

ラムレーズン&ホワイトチョコ

しっかりした甘みのあるホワイトチョコに、大人も唸らすラムレーズンの絶妙な組み合わせ

材料〔12個分〕

- きほんの生地 (p11) —— 1個
- ラムレーズン
  (下記参照/市販のものでも可) —— 60g
- ホワイトチョコレート(粉末) —— 20g

1. きほんの生地を三つ折りにし、打ち粉(分量外)をした台にのせ、めん棒で縦30×横15cm目安の長方形にのばす。
2. 生地の端を2cmほどあけてラムレーズンを散らし、ホワイトチョコをまぶす。手前からきつめにぐるぐると巻き、巻き終わりをしっかりとじて12等分に切る。
3. オーブンシートの上に生地をくっつけて並べ(p17)、ふんわりとラップをかけ、そのまま1時間30分ほどおく。
4. 5分ほど温めたオーブントースターに入れ、15分焼く。途中、表面がパリッとしてきたところで、左右を入れかえると、均一に焼ける。焼き上がったら、好みでホワイトチョコ(分量外)をかける。

ラムレーズン 材料と作り方〔作りやすい分量〕

1. レーズン60gは水洗いしてキッチンペーパーで水気をふき取り、保存びんに入れてラム酒大さじ1を加え、冷暗所におく。
2. ときどきびんをふり、2〜3日漬け込む。

Sweets 13

ダブルチョコ

ココア生地でホワイトチョコを巻いた、チョコ好きのための贅沢な二重奏です

材料〔12個分〕

- ココア生地 (p15) —— 1個
- ホワイトチョコレート(粉末) —— 50g

1. ココア生地を三つ折りにし、打ち粉(分量外)をした台にのせ、めん棒で縦30×横15cm目安の長方形にのばす。
2. 手に水をつけて生地全体を軽くなで、生地の端を2cmほどあけてホワイトチョコをまぶす。手前からきつめにぐるぐると巻き、巻き終わりをしっかりとじて12等分に切る。
3. オーブンシートの上に生地をくっつけて並べ(p17)、ふんわりとラップをかけ、そのまま1時間30分ほどおく。
4. 5分ほど温めたオーブントースターに入れ、15分焼く。途中、表面がパリッとしてきたところで、左右を入れかえると、均一に焼ける。

きほんの生地やアレンジ生地を細長くねじって、
ぜ〜んぶぐるぐる巻いてしまいましょう。
インパクト大のでっかいパンに、
みんなの歓声が聞こえてきそうです

でっかいぐるぐる
黒糖アーモンド

でっかいぐるぐる チョコチップ

でっかいぐるぐる黒糖アーモンド

ねじって巻いた生地は食べごたえも十分！
ほどよく溶けた黒糖がおいしいアクセントに

材料〔1個分〕

- 黒糖アーモンド生地（p15）—— 1個
- 黒糖（粉末）—— 10g

1. 黒糖アーモンド生地は打ち粉（分量外）をした台にのせ、手で平らに整えて3等分にする。
2. 1つずつ手で転がして、直径2×長さ45cmほどに細長くのばし、1本ずつねじる。
3. **2**を1本ずつ取り、中心からうずを作るように巻きながら、オーブンシートの上におく。
4. 黒糖をふりかけてふんわりとラップをかけ、そのまま1時間30分ほどおく。
5. 5分ほど温めたオーブントースターに入れ、20分焼く。途中、表面がパリッとしてきたところで、左右を入れかえると、均一に焼ける。

Point!

細長くのばす

生地を3等分し、直径2×45cmくらいに細長くのばす

ねじる

1本ずつねじる。両手を逆方向に回転させるように

ぐるぐる巻く

中心から外側に3本とも巻く。決して引っぱらないで

黒糖をかける

寝かせる前に黒糖をふりかけると、カリッと焼ける

でっかいぐるぐるチョコチップ

シンプルだけど、大人にも子どもにも大人気。
でっかく作ることで、新しいおいしさも味わえます

材料〔1個分〕

チョコチップ生地（p14）―― 1個

1 チョコチップ生地は打ち粉（分量外）をした台にのせ、手で平らに整えて3等分にする。

2 1つずつ手で転がして、直径2×長さ45cmほどに細長くのばし、1本ずつねじる。

3 *2*を1本ずつ取り、中心からうずを作るように巻きながら、オーブンシートの上におく。

4 ふんわりとラップをかけ、そのまま1時間30分ほどおく。

5 5分ほど温めたオーブントースターに入れ、20分焼く。途中、表面がパリッとしてきたところで、左右を入れかえると、均一に焼ける。

Point! チョコチップは粉を入れる前に

チョコチップは強力粉を入れる前に入れたほうが、きれいに混ざり合う。アレンジ生地の作り方（p14）を参照

おなかも満足、お惣菜にも！

しょっぱいぐるぐるパン

ウインナーやチーズなど惣菜で人気の具も、
しっかりもちもちした生地と相性抜群。
ランチや小腹がすいたときの軽食にも楽しめそうです

マスタードウインナー

マスタードの風味がお肉の味を引き立てます。
子どものおやつにも、白ワインのお供にも

材料〔12個分〕

- きほんの生地（p11）── 1個
- ウインナー ── 3～4本（50～60g）
- 粒マスタード ── 大さじ2

1. ウインナーは斜め薄切りにする。
2. きほんの生地を三つ折りにし、打ち粉（分量外）をした台にのせ、めん棒で縦30×横15cm目安の長方形にのばす。
3. 生地の端を2cmほどあけて粒マスタードを塗り、間隔をあけて*1*を横に並べる。手前からきつめにぐるぐると巻き、巻き終わりをしっかりとじて12等分に切る。
4. オーブンシートの上に生地をくっつけて並べ（p17）、ふんわりとラップをかけ、そのまま1時間30分ほどおく。
5. 5分ほど温めたオーブントースターに入れ、15分焼く。途中、表面がパリッとしてきたところで、左右を入れかえると、均一に焼ける。

Point! ウインナーは間隔をあける

生地全面にまずマスタードを塗ってから、ウインナーを横に並べる。2cmずつ間隔をあけておくと、巻き込みやすい

おすすめの粒マスタード

粒マスタードは好みのものでよいですが、私はフランス産の「ポメリーマスタード」を使っています。辛みが少なくマイルドで、子どもや辛いのが苦手な人でもおいしく食べられます。

明太マヨ

ベーコンコーンマヨ

明太マヨ

お店でも大人気の明太子とパンの組み合わせ。
マヨネーズのおかげで、しっとりと焼き上がります

材料〔12 個分〕

きほんの生地（p11）—— 1 個

A • 明太子 —— 1 本（20～25g）

• マヨネーズまたは豆乳マヨネーズ（下記参照）—— 24～30g

1. 明太子の薄皮を除き、A は混ぜ合わせる。
2. きほんの生地を三つ折りにし、打ち粉（分量外）をした台にのせ、めん棒で縦 30×横 15cm目安の長方形にのばす。
3. 生地の端を 2cmほどあけて A を塗る。手前からきつめにぐるぐると巻き、巻き終わりをしっかりとじて 12 等分に切る。
4. オーブンシートの上に生地をくっつけて並べ（p17）、ふんわりとラップをかけ、そのまま 1 時間ほどおく。
5. 5 分ほど温めたオーブントースターに入れ、15 分焼く。途中、表面がパリッとしてきたところで、左右を入れかえると、均一に焼ける。焼き上がったら、好みでみじん切りにしたパセリ（分量外）を散らす。

豆乳マヨネーズ　材料と作り方〔作りやすい分量〕

1. 豆乳 150mℓ、なたね油 100mℓ、粒マスタード 15g、塩 4g、りんご酢大さじ 1、白こしょう少々をびんに入れてふたをし、よくふって混ぜ合わせる。

ベーコンコーンマヨ

みんな大好きコーン&マヨネーズの強力コンビ。
黒こしょうの香りが、食欲をそそります

材料〔12 個分〕

きほんの生地（p11）—— 1 個

スライスベーコン —— 4 枚

A • 冷凍コーン（解凍する）—— 60g

• マヨネーズまたは豆乳マヨネーズ（上記参照）—— 30g

• 黒こしょう —— 小さじ½

1. A は混ぜ合わせる。
2. きほんの生地を三つ折りにし、打ち粉（分量外）をした台にのせ、めん棒で縦 30×横 15cm目安の長方形にのばす。
3. 生地の端を 2cmほどあけてベーコンを等間隔にのせ、1 を散らす。手前からきつめにぐるぐると巻き、巻き終わりをしっかりとじて 12 等分に切る。
4. オーブンシートの上に生地をくっつけて並べ（p17）、ふんわりとラップをかけ、そのまま 1 時間 30 分ほどおく。
5. 5 分ほど温めたオーブントースターに入れ、15 分焼く。途中、表面がパリッとしてきたところで、左右を入れかえると、均一に焼ける。

ひき肉と長ねぎ

バジルチーズ
オニオンチーズ

ひき肉と長ねぎ

たっぷり巻き込む具材がおいしく作るコツ。
なんだか昔なつかしい味わいのおやつ

材料〔12個分〕

- きほんの生地（p11）—— 1個
- 豚ひき肉 —— 80g
- 長ねぎ —— ½本
- にんにく（みじん切り）—— 1かけ分
- しょうが（みじん切り）—— 1かけ分
- 塩 —— 小さじ⅔
- なたね油 —— 小さじ1

1 フライパンになたね油とにんにく、しょうがを入れて中火にかけ、香りがたったらひき肉を加え、火が通るまで炒めて塩をふり、冷ます。長ねぎは斜め薄切りにする。

2 きほんの生地を三つ折りにし、打ち粉（分量外）をした台にのせ、めん棒で縦30×横15㎝目安の長方形にのばす。

3 生地の端を2㎝ほどあけてひき肉を散らし、長ねぎをのせる。手前からきつめにぐるぐると巻き、巻き終わりをしっかりとじて12等分に切る。

4 オーブンシートの上に生地をくっつけて並べ（p17）、ふんわりとラップをかけ、そのまま1時間30分ほどおく。

5 5分ほど温めたオーブントースターに入れ、15分焼く。途中、表面がパリッとしてきたところで、左右を入れかえると、均一に焼ける。

Point! 長ネギはたっぷりと

多すぎるかも？というくらい長ねぎはたっぷりのせると、香り高く仕上がる

Point! 長ネギはできるだけ薄く切る

長ねぎを細長く薄く切ると、ぐるぐる巻いた間からとび出てかわいらしいアクセントに

バジルチーズ

2種類のチーズで深みのある味わいに。
自家製バジルソースで、自分好みの味に

材料〔12個分〕

- きほんの生地（p11）── 1個
- バジルソース（下記参照）── 大さじ2
- ナチュラルチーズ（8mm角に切る）── 40g
- ピザ用チーズ ── 40g

1. きほんの生地を三つ折りにし、打ち粉（分量外）をした台にのせ、めん棒で縦30×横15cm目安の長方形にのばす。
2. 生地の端を2cmほどあけてバジルソースを塗り、チーズ2種をまんべんなく散らす。手前からきつめにぐるぐると巻き、巻き終わりをしっかりとじて12等分に切る。
3. オーブンシートの上に生地をくっつけて並べ（p17）、ふんわりとラップをかけ、そのまま1時間ほどおく。
4. 5分ほど温めたオーブントースターに入れ、15分焼く。途中、表面がパリッとしてきたところで、左右を入れかえると、均一に焼ける。

バジルソース　材料と作り方〔作りやすい分量〕

1. バジルの葉100g、オリーブオイル60mℓ、にんにく2かけ、塩小さじ1、レモン汁小さじ2をミキサーにかけてかくはんする。好みでくるみや、松の実を入れてもよい。

オニオンチーズ

朝食に食べたい、小さなピザパン風。
こんがりチーズと甘い玉ねぎがたまりません

材料〔12個分〕

- きほんの生地（p11）── 1個
- 玉ねぎ ── 1個
- マヨネーズまたは豆乳マヨネーズ（p47）── 大さじ3
- ピザ用チーズ ── 80g

1. きほんの生地を三つ折りにし、打ち粉（分量外）をした台にのせ、麺棒で縦30×横15cm目安の長方形にのばす。
2. 生地の端を2cmほどあけてチーズを散らす。手前からきつめにくるくると巻き、巻き終わりをしっかりとじて12等分に切る。
3. オーブンシートの上に生地をくっつけて並べ（p17）、ふんわりとラップをかけ、1時間30分ほどおく。
4. 玉ねぎは半分に切って薄切りにし、マヨネーズと和える。
5. 生地の上に1をのせ、5分ほど温めたオーブントースターに入れ、15分焼く。途中、表面がパリッとしてきたところで、左右を入れかえると、均一に焼ける。焼き上がったら、好みでみじん切りにしたパセリ（分量外）を散らす。

でっかいぐるぐる塩豚オレンジ

ワインのお供にもおすすめ。
甘さとしょっぱさのバランスが絶妙です

材料〔1個分〕

塩豚オレンジ生地（下記参照）—— 1個

1 塩豚オレンジ生地は打ち粉（分量外）をした台にのせ、手で平らに整えて3等分にする。

2 ひとつずつ手で転がして、直径2×長さ45cmほどに細長くのばし、1本ずつねじる。

3 *2* を1本ずつ取り、中心からうずを作るように巻きながら、オーブンシートの上におく。

4 ふんわりとラップをかけ、そのまま1時間30分ほどおく。

5 5分ほど温めたオーブントースターに入れ、20分焼く。途中、表面がパリッとしてきたところで、左右を入れかえると、均一に焼ける。

塩豚オレンジ生地

材料〔作りやすい分量〕

強力粉 —— 200g
水（冬の寒いときはぬるま湯を使用）—— 130mℓ
A ・インスタントドライイースト —— 小さじ⅓
・きび砂糖 —— 10g
・塩 —— 4g
B ・塩豚（下記参照）—— 大さじ3
・オレンジピール（下記参照）—— 大さじ2

作り方

1 きほんの生地の作り方（p11）と同様に、*A* を水によく溶かす。
2 *B* を 1 に入れて軽く混ぜてから、強力粉を加えてよく混ぜ、きほんの生地の作り方と同様にして休ませる。

塩豚

材料と作り方〔作りやすい分量〕

1 豚肩ロースかたまり肉300gに塩12gをまぶしてすり込み、キッチンペーパーで包んでからポリ袋に入れ、空気を抜いて口を閉じ、冷蔵庫に5日〜1週間おく。1日目にキッチンペーパーをかえるとよい。
2 *1* の汁気をふき取って1cm角に切り、フライパン（油はひかない）に入れて中火で炒める。仕上げに粗びき黒こしょう大さじ1を入れ、冷ます。

オレンジピール

材料と作り方〔作りやすい分量〕

1 オレンジなど柑橘の皮（無農薬のもの）100gはよく洗って水気をきり、白いワタを取り除いて5mm角に切り、たっぷりの水に30分さらす。
2 小鍋に新しい水と柑橘の皮を入れて中火にかけ、煮立ったらざるにあける。これを3回繰り返して水気をきり、再び鍋に入れてきび砂糖70gを加え、水分がとぶまで弱火で煮つめる。

もっとおいしくなる おすすめ材料・調味料

おすすめ材料

オイルも卵の使わないシンプルな材料だけに、
品質のよいものを使うとしみじみおいしくなります。

A

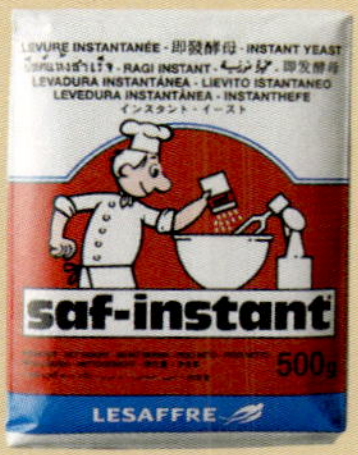

サフ（赤）
インスタントドライイースト

B

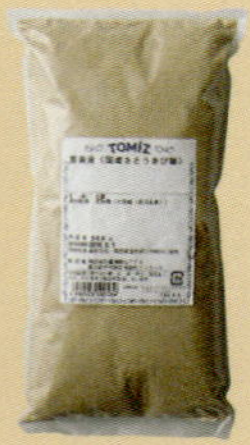

喜美良
（国産さとうきび糖）

C

シママース

D

春よ恋

A フランスのルサッフル社のドライイーストは、世界中のパン屋さんで一番使われているといわれる抜群の安心感。優れた発酵持続力をもつので、微量しかイーストを使わない本書のレシピにぴったり B 鹿児島産のさとうきびを100%使用し、天然のミネラルをたっぷり残した自然製法が特徴。香り高くやさしい甘さは、焼き菓子やパンに合う C 天日塩を沖縄の海水で溶かし、平釜で再結晶させる伝統的な製法の海塩 D 北海道を代表する小麦「春よ恋」100%の強力粉。しっかりした小麦の香りがある

おすすめ調味料

豊かな香りや自然なおいしさが
パンのおいしさをもっと引きたてます。

E

スパイスハウス
ナツメグ

F

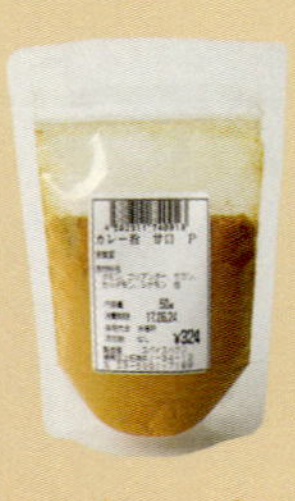

スパイスハウス
カレーミックス

G

GABAN
シナモン

H

マルサン
無調整
有機豆乳

I

572310.com
（粉に砂糖にドットコム）
メープルシロップ

E p18「シナモン」の隠し味に。原産地にこだわり、独特の甘い香りがある。東京・青山のファーマーズマーケットに出店中 F カレーパンの具材に。このカレー粉に、その日の気分でガラムマサラなどをプラスして作るカレーがお気に入り G シナモンロールに欠かせないスパイス。安定した品質が頼りになる H 有機大豆だけを使用し、大豆本来のおいしさが活きている自然派豆乳。豆乳カスタード（p60）などに大活躍 I 有機栽培で育てられたカナダのメープル樹液。糖分以外の樹液成分が多く含まれ、甘いだけでない、深みのある味わいに

かわいく焼き上げるためのQ&A

Q1

パン生地がうまく膨らまないのはどうして？

Answer

計量は合っていますか？ 温度が低いことも考えられます。ごく微量のイーストで発酵させる生地なので、最初は常温において発酵の助走をつけます。助走なしで冷蔵庫に入れるとなかなか発酵しません。まとめ直したら、約1.5倍の大きさになるまでじっくり常温発酵させましょう。

Q2

ぐるぐるパンを巻いたあと、うまく切れずにぐちゃっとなります…

Answer

生地を巻くとき、しっかり引き締めながら巻きましたか？ 生地の巻きがゆるいとカットしにくくなります。また、パン切りナイフのような、ギザギザの刃のものが切りやすいです。上から押しながら切るのではなく、ナイフを前後に動かして切るのがポイントです。

Q3

ぐるぐるパンが盛り上がらずに平べったくなってしまうのはなぜ？

Answer

生地を巻き終わったとき、24㎝になるようにすると12等分で高さが2㎝になります。巻きがゆるいと横にダレたり、倒れたりします。またフルーツや野菜など水分のある具を巻くと生地がゆるみやすいので、巻きをきつめにし、中心の部分を下から押し上げましょう。

Q4

ちぎりパンの具が真ん中に入りません

Answer

この本の生地はすべてノンオイルのため、生地がのびにくく、真ん中に包みにくいかもしれません。具を包むとき生地をあまり引っぱらなくても包めるよう、しっかりと広げておくといいでしょう。また、パンを2、3個よりもたくさんくっつけたほうが片寄りにくいです。

Q5

ちぎりパンの具がもれてしまうんです

Answer

発酵時間をしっかりとりましたか？「発酵があまい＝生地がかたい」ということなのです。この状態で焼くと、熱せられて外に向かう力に生地の膨らみが追いつかず、中の具がとび出すことが。しっかりと二次発酵の時間をとって、生地をゆるめましょう。

Q6

ちぎりパンの表面がささくれだってしまうので、もっとキレイにしたい

Answer

材料を混ぜてから、20分ほど寝かせる時間をとりましたか？ そしてきれいな表面になるように丸め直しましたか？ 常にきれいな表面がパンの外皮になるようにすること、触りすぎないようにすることで、解消されると思います。打ち粉をふってみるのもいいですね。

Part 2

ちぎりパン

ころんと丸めたパンを、好きな形にくっつけて焼くちぎりパン。もちもちで粉の味がしっかりと楽しめ、小さくてもバリエーション無限大です。

きほんの作り方

白パン

生地のうまみを味わえるプレーンなちぎりパン。
毎日食べたくなるおいしさです

材料〔12個分〕

きほんの生地（p11）―― 1個

「ちぎりパン」パンの作り方はコレだけ！

きほんの生地（11ページ）を12等分にする
→ 軽く丸めて20分おく
→ 形を丸く整えて1時間30分～2時間おく
→ オーブントースターなどで焼く

1 生地を12等分にする

① 生地をのばす

きほんの生地を取り出し、三つ折りにするようにたたむ。打ち粉（分量外）をした台にのせ、長方形にのばす。

縦に３本、横に４本切れ目をつけてから切る

切れ目に沿って生地を切り、スケールで重さをはかりながら等分にする

② 生地を12等分にする

12等分（1個30g目安）にしたら、軽く丸めてふんわりとラップをかけ、20分おく。

2 形を丸く整える

③ ねじってとめる

1個ずつ裏返して粉をつけ、生地の端を中に折り込むように丸める。表面がつるんと張るようになったら、とじ口をつまみ、ねじるようにしっかりとめる。とじ口を下にしオーブンシートの上に並べ、ラップをかける。

↓

2時間おいて焼くだけ！
（p16）

オーブントースター、魚焼きグリル、オーブンなど、家にある好きなものを選んで焼くことができます。
※生地をおく時間は、アレンジ生地をそのまま使う場合は2時間、また具を包む場合は1時間30分～2時間を目安に。夏場は30分短く、冬場は30分～1時間長くおいて下さい。

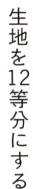

具の包み方

ちぎりパンは、中に好みの具を包めるのが魅力。焼いたときに具がはみ出さないように、きっちり包んで仕上げましょう。

３本の指を使って、１個ずつ表面をおさえながら平らにのばす。

のばしたら、生地を裏返してから具をのせると、パンの表面がきれいに仕上がる

生地に具をのせ、生地の両端を軽く引っぱるようにのばす。

生地で具を覆うようにして、上部をつまんでとじる。

空いているほうの生地も、同様にのばしてとじる。

とじ口をしっかりねじってとめ、形を丸く整える。

生地のとじ口を下にして、オーブンシートに並べる。

発酵前に強力粉（分量外）をまぶすときれいに焼き上がる

きほん＋α

塩わかめパン

57ページ❶〜❸のきほんの作り方「白パン」と同様にできます。

14ページのアレンジ生地を使えば、何種類ものパンを作れるので、いろいろ試してみてください。

わかめ生地

材料〔12個分〕

強力粉 —— 200g
水 —— 130mℓ（冬の寒いときはぬるま湯を使用）
𝒜 • インスタントドライイースト —— 小さじ⅓
• きび砂糖 —— 10g
• 塩 —— 4g
ℬ • 乾燥わかめ（ミキサーなどで粗く砕く）—— 4g

作り方

❶ ボウルに𝒜と水を入れ、よく溶かす。
❷ アレンジの生地の作り方（p14）と同様に、ℬを❶に加えてから、強力粉を入れてよく混ぜ、きほんの生地の作り方❻〜❿（p12）と同様にして休ませる。
❸ きほんの作り方「白パン」p57と同様に丸めて焼く。

ほっこりやさしい素朴な味わい

甘いちぎりパン

とっておきの具を包み込んだちぎりパンは、
割るときが待ちどおしくなります。
何が入っているのかな？
みんなでワクワク食べましょう

豆乳カスタード

バターも卵も使わないカスタードクリームは
毎日食べたい、やさしい味わい

材料〔12 個分〕

- きほんの生地（p11）—— 1 個
- 豆乳カスタード（下記参照）—— 120g

1 きほんの生地を三つ折りにし、打ち粉（分量外）をした台にのせ、手で平らに整えて 12 等分にする。軽く丸めてふんわりとラップをかけ、20 分おく。

2 1 個ずつ表面を手でおさえながら平らにのばし、裏返して豆乳カスタードを10gずつのせる。カスタードを包むように丸め、とじ口をつまんでしっかりとめる。

3 強力粉（分量外）を入れたボウルに、生地を 1 個ずつ入れて粉をつけ、とじ口を下にしてオーブンシートの上にくっつけて並べる（p.17）。ふんわりとラップをかけ、そのまま1.5倍に膨らむまで 1 時間 30 分ほどおく。

4 5分ほど温めたオーブントースターに入れ、15分焼く。途中、表面がパリッとしてきたところで、左右を入れかえると、均一に焼ける。

豆乳カスタード

材料〔作りやすい分量〕

𝒜
- 豆乳 —— 100mℓ
- きび砂糖 —— 30g
- バニラビーンズ（さやに切り目を入れる）—— 3cm

ℬ
- 豆乳 —— 100mℓ
- 薄力粉 —— 30g

メープルシロップ —— 20g

作り方

1. 小鍋に𝒜を入れて中火にかけ、きび砂糖が溶けたら、バニラビーンズをすくって種をしごいておく。
2. 混ぜ合わせたℬを茶こしでこしながら加え、泡立て器などで手早く混ぜる。粘りが出てきたら弱火にて 1 分ほど煮詰め、火を止めてメープルシロップを加えて混ぜる。粗熱が取れたらバニラビーンズのさやを取り除き、冷蔵庫で冷やす。

バニラビーンズは少し煮てから種をしごき、その後さやと一緒に煮ると香りよく仕上げる

豆乳と薄力粉はダマになりやすいので、茶こしでこしながら入れるとよりなめらかに

表面につやが出てきて、混ぜる手が軽く感じるまで煮つめるのが肝心

抹茶あん

香り高い抹茶生地と自家製あんがベストマッチ。
ユニークな形に、食卓も楽しく盛り上がりそうです

材料〔12個分〕

抹茶生地（p15）── 1個
小豆あん（p36）── 120g

1 小豆あんは10gずつ丸める。

2 抹茶生地を三つ折りにし、打ち粉（分量外）をした台にのせ、手で平らに整えて12等分にする。軽く丸めてふんわりとラップをかけ、20分おく。

3 1個ずつ表面を手でおさえながら平らにのばし、裏返して*1*をのせる。あんを包むように丸め、とじ口をつまんでしっかりとめる。

4 強力粉（分量外）を入れたボウルに、生地を1個ずつ入れて粉をつけ、とじ口を下にしてオーブンシートの上にくっつけて並べる（p17）。ふんわりとラップをかけ、そのまま1.5倍に膨らむまで1時間30分ほどおく。

5 5分ほど温めたオーブントースターに入れ、15分焼く。途中、表面がパリッとしてきたところで、左右を入れかえると、均一に焼ける。

Point!
生地はまとめて平らにする

12等分した生地はまとめて平らにすると、その後の包む作業がラクに

Point!
あんは丸めておく

あんをあらかじめ丸めてからのせると包みやすく、あんが出ずにきれいに焼ける

さつまいもあん

ごろごろ甘栗

Sweets 03

さつまいもあん

ほっくりした食感と、素朴な甘みが飽きのこない味。
紫色のさつまいもの皮で〝おめかし〟もポイントです

材料〔12 個分〕

- きほんの生地（p11）── 1 個
- さつまいもあん ── 120g
- さつまいもの皮（1cm角に切る）── 12枚

1 さつまいもあんは 10g ずつ丸める。

2 きほんの生地を三つ折りにし、打ち粉（分量外）をした台にのせ、手で平らに整えて 12 等分にする。軽く丸めてふんわりとラップをかけ、20 分おく。

3 1個ずつ表面を手でおさえながら平らにのばし、裏返して *1* を1個ずつのせる。あんを包むように丸め、とじ口をつまんでとめる。

4 強力粉（分量外）を入れたボウルに、生地を1個ずつ入れて粉をつけ、とじ口を下にしてオーブンシートの上にくっつけて並べる（p17）。さつまいもの皮を1枚ずつのせ、ふんわりとラップをかけ、そのまま 1.5 倍に膨らむまで1時間 30 分ほどおく。

5 5分ほど温めたオーブントースターに入れ、15 分焼く。途中、表面がパリッとしてきたところで、左右を入れかえると、均一に焼ける。

さつまいもあん　材料と作り方〔作りやすい分量〕

1 さつまいも1本（200g）は 1cm角に切り、水にさっとくぐらせて耐熱容器に入れ、ラップをかけて電子レンジ（600W）で5分加熱する。

2 熱いうちにフォークでつぶし、きび砂糖 30g と塩1つまみを加えてよく混ぜる。

Sweets 04

ごろごろ甘栗

具を包み込む必要がないので、初めてでもかんたん！
市販の甘栗を生地に混ぜるだけ

材料〔12 個分〕

- 甘栗生地（p15）── 1 個

1 甘栗生地を三つ折りにし、打ち粉（分量外）をした台にのせ、手で平らに整えて 12 等分にする。軽く丸めてふんわりとラップをかけ、20 分おく。

2 1個ずつ裏返して粉をつけ、生地の端を中に折り込むように丸める。表面をつるんと張るように整えたら、とじ口をつまんでねじりしっかりとめる。

3 強力粉（分量外）を入れたボウルに、生地を1個ずつ入れて粉をつけ、とじ口を下にしてオーブンシートの上にくっつけて並べる（p17）。ふんわりとラップをかけ、そのまま 1.5 倍に膨らむまで1時間 30 分ほどおく。

4 5分ほど温めたオーブントースターに入れ、15 分焼く。途中、表面がパリッとしてきたところで、左右を入れかえると、均一に焼ける。

アップルシナモンレーズン

チョコレート

アップルシナモンレーズン

まるで本物のりんごみたい!?
トロトロのアップルパイのような具が絶品！

材料〔12個分〕

- きほんの生地（p11）── 1個
- アップルシナモンレーズン（下記参照）── 全量（約160g）
- りんご（紅玉など／ヘタに見立て2cm長さに切る）── 12本

1 きほんの生地を三つ折りにし、打ち粉（分量外）をした台にのせ、手で平らに整えて12等分にする。軽く丸めてふんわりとラップをかけ、20分おく。

2 1個ずつ表面を手でおさえながら平らにのばし、裏返してアップルシナモンレーズンを均等にのせる。アップルシナモンレーズンを包むように丸め、とじ口をつまんでしっかりとめる。

3 強力粉（分量外）を入れたボウルに、生地を1個ずつ入れて粉をつけ、とじ口を下にしてオーブンシートの上にくっつけて並べる（p.17）。ふんわりとラップをかけ、そのまま1.5倍に膨らむまで1時間30分ほどおく。

4 りんごをヘタに見えるように刺し、5分ほど温めたオーブントースターに入れ、15分焼く。途中、表面がパリッとしてきたところで、左右を入れかえると、均一に焼ける。

アップルシナモンレーズン

材料〔作りやすい分量　約160g〕

- りんご（紅玉など）── ½個
- レモン汁 ── 小さじ½
- レーズン ── 60g
- シナモンパウダー ── 小さじ½
- 薄力粉 ── 大さじ1

作り方

1. りんごは芯を取って皮つきのまま8mm角に切り、ボウルに入れてレモン汁をまぶす。
2. レーズンは水洗いして水気をよくふき取り、1に加える。シナモンパウダーと薄力粉を茶こしでふりかけ、よく混ぜ合わせる。

チョコレート

トロリと溶けたビターチョコを
ココア生地で包み込んだ大人の味わい

材料〔12 個分〕

ココア生地（p15）―― 1 個
チョコチップ ―― 60g

1 ココア生地を三つ折りにし、打ち粉（分量外）をした台にのせ、手で平らに整えて 12 等分にする。軽く丸めてふんわりとラップをかけ、20 分おく。

2 1 個ずつ表面を手でおさえながら平らにのばし、そのまま手に取り、裏面にチョコチップをつける。チョコを包むように丸め、とじ口をつまんでしっかりとめる。

3 強力粉（分量外）を入れたボウルに、生地を 1 個ずつ入れて粉をつけ、とじ口を下にしてオーブンシートの上にくっつけて並べる（p17）。ふんわりとラップをかけ、そのまま 1.5 倍に膨らむまで 2 時間ほどおく。

4 5 分ほど温めたオーブントースターに入れ、15 分焼く。途中、表面がパリッとしてきたところで、左右を入れかえると、均一に焼ける。

Point!

チョコチップは直接くっつける

生地に皿に広げたチョコチップをくっつける

チョコチップを包み込む

上にのったチョコチップを、下側の生地で包み込むように丸める

キャラメルナッツ

ローストしたナッツの香ばしさと
乳製品を使っていないとは思えないコクのあるキャラメル

材料〔12 個分〕

- きほんの生地（p11）—— 1 個
- A・アーモンド、くるみ、
  パンプキンシード —— 各 25g
- 豆乳キャラメル（p23）—— 30g

1. A はオーブントースターの天板に散らして 10 分ほど香ばしく焼き、粗熱が取れたら包丁で粗く刻み、60g を豆乳キャラメルに混ぜ、残りを飾り用にとっておく。

2. きほんの生地を三つ折りにし、打ち粉（分量外）をした台にのせ、手で平らに整えて 12 等分にする。軽く丸めてふんわりとラップをかけ、20 分おく。

3. 1 個ずつ表面を手でおさえながら平らにのばし、裏返して *1* を均等にのせる。具を包むように丸め、とじ口をつまんでしっかりとめる。

4. 強力粉（分量外）を入れたボウルに、生地を 1 個ずつ入れて粉をつけ、閉じ口を下にしてオーブンシートの上にくっつけて並べる（p17）。ふんわりとラップをかけ、そのまま 1.5 倍に膨らむまで 1 時間 30 分ほどおく。

5. 豆乳キャラメル少々（分量外）を塗って *1* の残りを散らし、5 分ほど温めたオーブントースターに入れ、15 分焼く。途中、表面がパリッとしてきたところで、左右を入れかえると、均一に焼ける。

Point!

具の量は
控えめに

パンが破けないよう、生地にのせる具の量は、生地からはみでない程度にする

コーヒークリーム

豆乳カスタードにインスタントコーヒーを加えるだけで、
ビターな深みある大人の味わいに

材料〔12個分〕

- コーヒー生地（p15）―― 1個
- A・豆乳カスタード（p61）―― 120g
  - ・インスタントコーヒー ―― 小さじ$\frac{2}{3}$

1 Aは混ぜ合わせ、冷蔵庫で冷やす。

2 コーヒー生地を三つ折りにし、打ち粉（分量外）をした台にのせ、手で平らに整えて12等分にする。軽く丸めてふんわりとラップをかけ、20分おく。

3 1個ずつ表面を手でおさえながら平らにのばし、裏返して1を均等にのせる。1を包むように丸め、とじ口をつまんでしっかりとめる。

4 強力粉（分量外）を入れたボウルに、生地を1個ずつ入れて粉をつけ、閉じ口を下にしてオーブンシートの上にくっつけて並べる（p17）。ふんわりとラップをかけ、そのまま1.5倍に膨らむまで1時間30分ほどおく。

5 5分ほど温めたオーブントースターに入れ、15分焼く。途中、表面がパリッとしてきたところで、左右を入れかえると、均一に焼ける。

Point!

インスタントコーヒーで大人の味に

豆乳カスタードに粉末のインスタントコーヒーを混ぜ合わせると、ほどよい苦みがアクセントに

お弁当や食事にも人気抜群

しょっぱいちぎりパン

みんな大好きなお惣菜が入ったちぎりパンは、
かみごたえのある生地に包まれ満足感もたっぷり。
一口ごとに広がる生地と具のハーモニーを楽しみましょう

カレー

ヘルシーな豆のカレーは滋味深い味わい。
カレー生地とも絶妙にマッチします

材料〔8個分〕

- カレー生地 (p15) —— 1個
- ベジ豆カレー（下記参照／好みのカレーでOK）—— 240g

1. カレー生地を三つ折りにし、打ち粉（分量外）をした台にのせ、手で平らに整えて8等分（1個42g目安・大きめ）にする。軽く丸めてふんわりとラップをかけ、20分おく。
2. 1個ずつ表面を手でおさえながら平らにのばし、裏返してベジ豆カレーを均等にのせる。カレーを包むように丸め、とじ口をつまんでしっかりとめる。
3. 強力粉（分量外）を入れたボウルに、生地を1個ずつ入れて粉をつけ、とじ口を下にしてオーブンシートの上にくっつけて並べる (p17)。ふんわりとラップをかけ、そのまま1.5倍に膨らむまで1時間30分ほどおく。
4. 生地にハサミで切り込みを入れ、5分ほど温めたオーブントースターに入れ、15分焼く。途中、表面がパリッとしてきたところで、左右を入れかえると、均一に焼ける。

ベジ豆カレー

材料〔作りやすい分量〕

- ひよこ豆、レンズ豆、大豆（乾燥）—— 各50g
- 玉ねぎ —— 1個
- じゃがいも —— 1個
- にんじん —— ½本
- トマト —— 2個
- なたね油 —— 大さじ2
- にんにく（みじん切り）—— 1かけ分
- しょうが（みじん切り）—— 1かけ分
- カレー粉 —— 大さじ1 ½
- 塩 —— 小さじ1 ½
- 米粉 —— 大さじ2
- ガラムマサラ —— 少々

作り方

1. 豆類はそれぞれたっぷりの水に一晩浸け、やわらかくなるまでゆでて水気をきる。
2. 玉ねぎ、じゃがいも、にんじんは8mm角に切り、トマトは細かく刻む。
3. フライパンになたね油、にんにく、しょうがを入れて中火にかけ、香りがたってきたらカレー粉と塩を加えて炒め合わせる。玉ねぎ、じゃがいも、にんじんを加えて炒め、油が回ったらトマトと豆類を加え、汁気がなくなるまで煮る。
4. 米粉をふり入れてとろみをつけ、最後にガラムマサラを加えて混ぜ合わせる。

※豆は冷凍や缶詰でもよい。

Point! 切り込みで破裂防止を

具をたっぷり包み込む場合、上部をハサミで十文字に切ることで皮がはじけない

ポテトサラダ

ウインナー

ポテトサラダ

ポテトサラダにキャベツを加えて食感に変化を。
子どもも大人も大好きな惣菜パンです

材料〔12個分〕

- きほんの生地（p11）—— 1個
- ポテトサラダ（下記参照）—— 240g
- パセリ —— お好みで

1. きほんの生地を三つ折りにし、打ち粉（分量外）をした台にのせ、手で平らに整えて12等分にする。軽く丸めてふんわりとラップをかけ、20分おく。
2. 1個ずつ表面を手でおさえながら平らにのばし、裏返してポテトサラダを均等にのせる。サラダを包むように丸め、とじ口をつまんでしっかりとめる。
3. 強力粉（分量外）を入れたボウルに、生地を1個ずつ入れて粉をつけ、とじ口を下にしてオーブンシートの上にくっつけて並べる（p.17）。ふんわりとラップをかけ、そのまま1.5倍に膨らむまで1時間30分ほどおく。
4. 5分ほど温めたオーブントースターに入れ、15分焼く。途中、表面がパリッとしてきたところで、左右を入れかえると、均一に焼ける。好みで刻んだパセリ（分量外）を散らす。

ポテトサラダ

材料〔作りやすい分量〕

- じゃがいも —— 3～4個
- キャベツ —— 2枚
- 塩 —— 小さじ1
- 玉ねぎ —— 1個
- マヨネーズまたは豆乳マヨネーズ（p47）—— 大さじ4
- パセリ —— お好みで

作り方

1. じゃがいもはよく洗い、水気をつけたままラップで包む。
電子レンジ（600W）で8分加熱し、温かいうちに皮をむいてつぶす。
キャベツは5～8㎜角に切って塩でもみ、10分ほどおいてなじませる。
玉ねぎは薄くスライスしてラップで包み、電子レンジで1分30秒加熱する。
2. ボウルに1を入れ、マヨネーズを加えてあえる。
好みで刻んだパセリ（分量外）を加える。

ウインナー

にんじん生地はノンシュガーで野菜の甘みを最大限に。
オレンジの色合いも食欲をそそります

材料〔12個分〕

- にんじん生地（p15）―― 1個
- ウインナー ―― 4本（60g）
- トマトケチャップ ―― お好みで

1 ウインナーは薄い輪切りにする。

2 にんじん生地を三つ折りにし、打ち粉（分量外）をした台にのせ、手で平らに整えて12等分にする。軽く丸めてふんわりとラップをかけ、20分おく。

3 1個ずつ表面を手でおさえながら平らにのばし、裏返して*1*を均等にのせる。ウインナーを包むように丸め、とじ口をつまんでしっかりとめる。

4 強力粉（分量外）を入れたボウルに、生地を1個ずつ入れて粉をつけ、とじ口を下にしてオーブンシートの上にくっつけて並べる（p17）。ふんわりとラップをかけ、そのまま1.5倍に膨らむまで1時間30分ほどおく。

5 生地にパン切りナイフで切り込みを入れてトマトケチャップを塗り、5分ほど温めたオーブントースターに入れ、15分焼く。途中、表面がパリッとしてきたところで、左右を入れかえると、均一に焼ける。

Point! ケチャップは後のせに

具材を包み込んだあと切り込みを入れたところに、トマトケチャップを。ケチャップがこんがり焼けて、より香ばしさアップ！

たかやちかこ

東京稲城市「ぱんノート」主宰。近畿大学農学部食品栄養学科卒業。 家族のために食の安心・安全に目を向け始めたころ、パンと出会う。独学で試行錯誤しながら作り続けたパンを、「もっとたくさんの人に食べてもらいたい！」という気持ちがあふれ、2007 年、パン工房を立ち上げる。その後、買いにくる人からアレルギーのことを聞くようになり、卵・乳製品不使用＆ノンオイルのパンを開発。しっとりもちもちした味わいは、アレルギーのある人、ない人そのどちらにも「ほかにはないおいしさ」として高い評価を得る。現在は工房での販売のほか、イベント（青山ファーマーズマーケットなど）にも出店。「こねない！成型しない！ かんたん！」なパンを作るべく、日々研究中。 http://pan-sweets.com/

Staff
撮影：田辺エリ
スタイリング：UKO
デザイン：塙 美奈（ME&MIRACO）
校正：東京出版サービスセンター
企画：印田友紀（smile editors）
編集・取材：黒木博子、岩越千帆（smile editors）
調理助手：室原幸子、手塚亜矢子

世界一かんたんに作れる
ぐるぐるパン ちぎりパン

2016 年 7 月 29 日　第 1 刷発行

著者　たかやちかこ
発行者　石﨑 孟
発行所　株式会社マガジンハウス
〒104-8003　東京都中央区銀座 3-13-10
書籍編集部　☎ 03-3545-7030
受注センター　☎ 049-275-1811

印刷・製本　大日本印刷株式会社

ISBN978-4-8387-2865-7 C2077

乱丁本、落丁本は購入書店明記のうえ、小社制作管理部宛にお送りください。
送料小社負担にて、お取り替えいたします。
但し、古書店等で購入されたものについてはお取り替えできません。
定価は帯とカバーに表示してあります。

マガジンハウスのホームページ　http://magazineworld.jp/